AF224203

NOTICE BIOGRAPHIQUE

SUR LE JEUNE

Jᴴ MAUREL

ARTISTE CALLIGRAPHE,

**Suivie d'Articles de Journaux de Paris et de la Povince,
et de l'Histoire de l'Écriture,**

Orné du portrait de l'Artiste, dessiné à la plume,

ET

ACCOMPAGNÉ D'UNE LETTRE DE LA SOCIÉTÉ DE STATISTIQUE DE MARSEILLE.

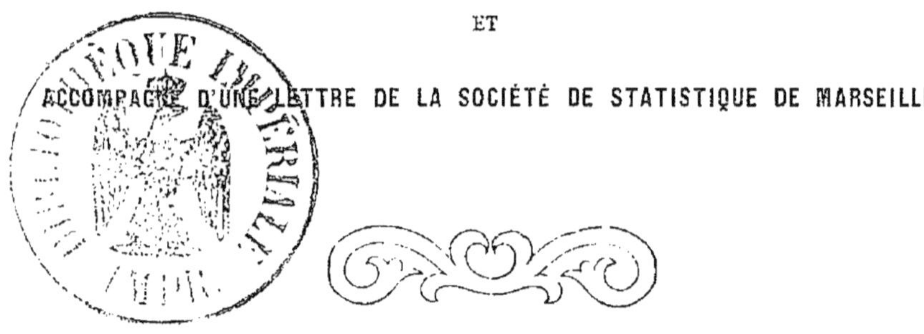

TROISIÈME ÉDITION.

—

Se vend chez le jeune Artiste et chez les Libraires.

AIX,

TYPOGRAPHIE NICOT, SUR LE COURS, 55.

—

1858.

AVANT-PROPOS.

—

Marseille a vu, il y a quatre ans, un jeune enfant à l'œil ouvert, au charmant sourire, à la physionomie heureuse, se présenter dans les maisons et les magasins un papier à la main et solliciter la générosité de ses concitoyens, pour une souscription en sa faveur et celle de sa famille. En tête de la liste se trouvait le nom de l'excellent Baron Tissot, alors Commissaire départemental, suivi des noms les plus honorables des autorités, de la magistrature et du commerce.

Cet enfant n'était autre que le jeune MAUREL qui, à l'âge de neuf ans à peine, commençait sa carrière d'artiste calligraphe et présentait à ses bienfaiteurs un spécimen du talent qui s'était révélé en lui. Ces dons généreux devaient, en le facilitant dans ses travaux, donner à sa famille les moyens de seconder les vues de la Providence.

Les nombreux visiteurs qui ont admiré les œuvres que le jeune Marseillais a produites à la plume, ne peuvent que se féliciter d'avoir encouragé ce talent naissant, et d'avoir contribué à lui ouvrir une carrière qui, déjà brillante, doit, par les nouveaux encouragements qu'il attend du public et de ses concitoyens en particulier, lui permettre de voir, un jour, son nom inscrit au premier rang parmi les artistes calligraphes et les enfants prodiges.

Joseph MAUREL,

Artiste Calligraphe, âgé de 12 ans.

—

Il est des natures privilégiées que le Ciel semble avoir prédestinées, même avant leur naissance, à briller dans la société d'un éclat extraordinaire, semblables à ces météores qui, au milieu d'une nuit obscure ou du sein de nuages épais, répandent tout à coup une vive clarté, à la lueur de laquelle le voyageur égaré peut retrouver sa route.

Le jeune artiste dont nous essayons de tracer la biographie, est une preuve frappante de ce que nous avançons.

Joseph MAUREL naquit à Marseille, Bouches-du-Rhône, le 25 décembre 1845, de Joseph Maurel, ouvrier bijoutier, et de Marguerite Pascal.

Lorsque la Providence entoure le berceau d'un enfant de tout ce que la richesse, le luxe, le faste et le bien-être peuvent offrir, chacun s'empresse autour de celui qui, par son avènement, comble de joie l'espoir d'une famille dont la fortune promet à l'homme venant au monde un brillant avenir ; mais lorsque l'enfant qui voit le jour ne trouve qu'une sorte de dénuement, lorsqu'au lieu de ces mille profusions, le père peut à peine trouver, dans sa position, de quoi parer aux plus pressants besoins, il faut alors que le cœur des parents, guidé par l'affection et la tendresse, trouve des ressources inconnues pour fêter la naissance d'un fils et lui procurer les premiers biens de la vie ; c'est dans de telles conditions que le jeune Maurel trouva sa famille en venant au monde.

Son père, l'un des plus habiles ouvriers bijoutiers, petit-fils de l'honorable M. Bègue, notaire, et fils de M. Maurel, estimable négociant de Meounes (Var), après avoir parcouru quatorze capitales de l'Europe, s'être fait remarquer dans dix des plus importantes, par ses ouvrages et son activité ; après avoir connu l'aisance et le bien-être, se trouvait alors réduit par le manque de travail et la maladie, au plus strict nécessaires. Il fallait, pourtant, parer aux plus pressants besoins et trouver, pour l'innocente créature qui venait de naître, un sein pour le nourrir, celui de sa mère lui manquant. Une excellente personne de la Tour-d'Aigues, madame Bellatru, se présente, prend l'enfant sans se préoccuper de la rémunération qu'elle a droit d'espérer, pour les soins dont elle va entourer son fils d'adoption, et le jeune Joseph quitte le toit paternel dès le lendemain de sa naissance.

Pendant trois ans il reste chez sa nouvelle mère, visité quelquefois par ses parents, mais le plus souvent par son père qui semblait avoir un pressentiment de ce que cet enfant devait être un jour.

En effet, à peine put-il se servir de ses mains, distinguer les modulations d'un chant, qu'il montra les dispositions les plus heureuses pour les arts ; il pouvait à peine se tenir debout, et déjà ses petits doigts s'emparaient d'une plume, d'un crayon ou d'un débris de charbon et traçaient des lignes et des figures dont la hardiesse annonçait un artiste ; au milieu de ses jeux enfantins, entendait-il une voix, un chant, le son d'un instrument, il quittait tout pour écouter dans une espèce de ravissement.

Le père, cependant, voulait avoir auprès de lui l'enfant dont il avait reconnu les précieuses dispositions ; mais comment décider la nourrice à rendre aux parents un nourrisson qu'elle chérissait à l'égal de ses autres enfants, pour ne pas dire plus. La demande en avait été faite plusieurs fois, mais toujours un nouveau prétexte, une raison nouvelle, un motif inventé par l'affection, retardait ce moment. Il fallut, pourtant, céder à la volonté paternelle et rendre, avec le cœur serré et les larmes aux yeux, l'enfant dont les gentillesses et l'intelligence précoce, non moins que la physionomie remarquable, avaient attiré l'amour et la tendresse de sa seconde famille.

Pendant ces trois années, trois autres enfants étaient venus augmenter la famille Maurel ; mais les ressources, loin de s'accroître, diminuaient à proportion. Vainement le père demandait du travail aux bijoutiers ; vainement des personnes aussi distinguées par leur position sociale que par leur piété, s'étaient adressées à divers fabricants de bijouterie, afin de les intéresser à la position du père de famille ; tous, soit par idifférence, soit à cause du chômage des commandes, refusaient de donner du travail au laborieux ouvrier qui ne demandait qu'à gagner le pain de chaque jour, nécessaire à sa nombreuse famille.

Ne pouvant plus compter sur les ressources qu'aurait dû lui procurer sa profession, Maurel se présente tantôt comme manœuvre, dans les chantiers de maçon, et ne rougit pas de porter la pierre et le mortier ; tantôt il offre ses bras et ses forces bien restreintes, pourtant, aux portefaix de nos quais, et il ne craint pas d'arriver au soir, accablé de fatigue, car un sentiment plus fort que le poids du travail le soutient : il pourra donner un morceau de pain aux êtres qu'il chérit.

Cependant, il ne perd point de vue l'enfant sur lequel il fonde son espoir et le bonheur de sa famille entière, dans un avenir prochain ; aussi le matin, avant l'heure du travail, le soir avant de prendre un peu de repos, dirige-t-il son bien-aimé Joseph, en l'exerçant aux premières études de la calligraphie.

A mesure que son idée se fixe davantage sur l'avenir réservé à l'aptitude de son enfant, le père redouble de soins pour le guider dans sa marche ; mais plus il reste près de son fils, plus le travail de dehors est négligé, et moins les ressources arrivent à la maison. Toutefois, au milieu du dénuement, au sein d'une famille composée alors de huit personnes, Maurel compte sur la Providence, sur la charité des âmes compatissantes, sur les œuvres de bienfaisance, et il s'attache plus assidûment à seconder les heureuses dispositions du jeune Joseph, persuadé que c'est cet enfant que le Ciel destine à être la source de son futur bien-être. Bientôt les fils laborieux et patients du bienheureux abbé de La Salles, reçoivent le jeune Joseph : il a sept ans à peine ; ils l'initient aux premiers éléments de la langue française et aux véritables principes de l'écriture. Itelligent, studieux et appliqué, l'élève a bientôt conquis l'estime et l'affection de ses maîtres ; il suit avec avidité les leçons qui lui sont données, et de retour chez lui, appuyé sur une planche posée sur deux tréteaux, il prélude avec une application étonnante, aux travaux qu'il doit exécuter un jour avec tant de succès.

Afin d'être plus assidu auprès de son enfant et de surveiller avec plus de fruit le travail du jeune artiste qui commence une œuvre assez importante, dédiée à la Chambre de Commerce de Marseille, Maurel expose sa position, s'adresse aux autorités, et bientôt une souscription est ouverte, par les soins de M. le baron Tissot, alors Commissaire départemental. M. le Préfet, M. le Maire, la magistrature et le Commerce, ainsi que ce que tout Marseille compte de personnes notables, se font un plaisir de seconder les vues d'un père de famille qui a su comprendre la vocation de son enfant, et de faciliter, par leurs largesses, le développement d'un talent qui s'annonce d'une manière si frappante.

La première œuvre est terminée, chacun en admire la netteté, le fini et l'heureuse disposition. L'autorité supérieure félicite l'auteur d'un travail si bien conçu, la presse marseillaise lui donne les éloges les plus flatteurs et l'engage à poursuivre une carrière dans laquelle il doit un jour briller au premier rang.

Heureux et fier de tant et de si hauts suffrages, Maurel père conçoit le projet de faire exécuter à son fils un tableau de deux mètres de hauteur, et de le dédier à Sa Majesté l'Empereur des Français. Quatre mois de travail furent employés à la confection de cette œuvre. Il fallait voir le jeune artiste à genoux, sur la planche qui portait la grande feuille de papier vélin, faisant courir sa plume et lui imprimant les mouvements les plus gracieux pour former des traits, des arabesques, des cul-de-lampes, des guirlandes, des fleurs et mille ornements plus ingénieux les uns que les autres.

L'enfant-artiste présente son œuvre à M. le Préfet, et le premier magistrat de la cité encourage et félicite le jeune auteur. Les journaux annoncent l'apparition de cette production calligraphique, et bientôt le désir des Marseillais peut être satisfait, en admirant un travail aussi prodigieux, sorti de la plume d'un enfant de neuf ans. Le Cercle du commerce est mis généreusement à la disposition de l'artiste ; son tableau y est exposé, et la satisfaction des visiteurs se manifeste par les dons qui tombent dans un bassin placé à l'entrée de la salle. Neuf cent soixante francs de recette , dans l'espace de trente jours , procurent un soulagement réel à la famille du jeune calligraphe et l'encouragent à persévérer dans ses travaux.

Cependant, le fini de l'œuvre , la hardiesse des traits, la perfection de la touche , l'harmonie de l'ensemble laissaient du doute dans l'esprit de quelques personnes , et l'on se demandait si c'était bien le jeune enfant qui était là , devant le public , qui , dans un âge si tendre , avait pu composer un tableau digne des premiers maîtres en calligraphie. Ce doute devait être bientôt levé , Maurel père loue un magasin dans la Rue St-Ferréol , rue coquette et luxueuse , et la plus fréquentée de Marseille; l'artiste s'y installe , et chacun peut lire sur la devanture : *Atelier du jeune Maurel.* C'est qu'en effet l'enfant y travaille sous les yeux du public , et chaque visiteur peut voir progresser le tableau qu'il compose , contempler le gracieux calligraphe monté sur la grande table qui lui sert de bureau , et suivre ses petits doigt dirigeant , au gré de l'intelligent artiste, la plume qui , soumise à ses inspirations, trace sur le papier les plus charmants dessins , les arabesques les plus variées , les lettres le plus capricieusement enjolivées et dignes des enluminures de nos vieux manuscrits. C'est alors que poëtes , littérateurs , journalistes , se joignent au public pour célébrer la précocité d'un talent vraiment remarquable.

Tout intéresse chez cet enfant : la position de sa famille , son âge , sa physionomie , sa simplicité , ses grâces ; il est là , au travail , aussi ingénu , aussi gai que dans ses moments de récréation. Il donne un tour hardi , une expression nouvelle , à tout ce qu'il fait jaillir de sa plume , et on reconnaît que c'est sans efforts , sans prétention aucune. Chez lui la nature semble tout produire ; aussi est-ce avec raison qu'un homme d'esprit, après avoir vu travailler le jeune calligraphe, disait : *Cet enfant savait écrire dans le sein de sa mère; il a dû signer son acte de naissance.*

L'admiration devient générale ; un concert s'organise au profit du jeune Maurel. Mme Lafont, première artiste lyrique, dont les talents ne font jamais défaut, lorsqu'il s'agit de coopérer à une bonne œuvre, ainsi que les premiers sujets du grand théâtre de Marseille, se font un plaisir de prêter leur concours pour cette soirée ; malheureusement, des circonstances indépendantes de la volonté de l'ordonnateur de la fête et de celle des artistes, obligent de renvoyer cette réunion à une autre époque.

L'ouverture de l'exposition universelle devait avoir lieu, l'œuvre calligraphique de Maurel méritait bien une place au milieu de ce nombre infini de chefs-d'œuvre qui ont fait l'admiration de l'univers entier ; aussi le voyage pour Paris fut-il décidé. Le jeune artiste quitte sa ville natale et se met en route, accompagné de son père, véritable mentor dont l'affection égale le désir qu'il a de voir son fils se distinguer chaque jour davantage. Ce voyage est une suite non interrompue de recettes, de félicitations et d'encouragements. A Lyon, comme à Dijon, et partout où s'arrête le calligraphe, les autorités se font un plaisir de lui offrir leur appui et leur protection ; les salles des Hôtels-de-ville sont mises à sa disposition, et le public se presse pour admirer les œuvres d'un enfant, mais des œuvres dignes des premiers ouvriers de la plume.

Le voilà dans la capitale de la France, les journaux avaient annoncé son arrivée, la renommée l'avait précédé, et lorsque on vit ses ouvrages exposés au boulevard des Capucines, on reconnut que le talent du jeune Marseillais n'était pas au-dessous des éloges qu'on lui avait prodigués. Introduit à la Cour, Maurel présente son tableau ; les hauts dignitaires de l'Empire, les Princes et les Princesses embrassent et comblent de caresses, de félicitations et de dons l'artiste-enfant qui, aussi tranquille au milieu des splendeurs du palais des Tuileries que dans sa modeste demeure, travaille sous les yeux des Altesse et des Excellences, comme s'il était dans son humble atelier. Sa Majesté l'Empereur des Français fait remettre à Joseph une preuve de sa satisfaction ; Son Altesse Impériale le Prince Jérôme et Son Altesse le Prince Murat, font mille amitiés au jeune artiste et veulent le posséder pendant quelques jours dans leurs châteaux.

Tous les journaux de Paris, sans exception, se sont occupés de notre héros et ont proclamé son talent merveilleux ; les photographes ont multiplié ses traits ; les peintres ont pris leurs pinceaux pour faire son portrait, et c'est à qui lui donnera le plus de preuves de sa satisfaction et de son attachement ; l'habile Reutlinger lui-même veut, à son tour, faire le portrait de l'enfant-artiste, et ce chef-d'œuvre de ressemblance et de touche est exposé au coin de la rue Richelieu.

Le Cercle de l'Exposition veut voir travailler Maurel et considérer ses ouvrages ; il le fait venir dans son enceinte et là une société aussi brillante par le rang que distinguée par le savoir, admire, pendant plus d'une heure, les prodigieux effets d'un talent qui se révèle avec tant d'éclat. A l'admiration se joint la générosité, et le jeune artiste emporte dans sa cassette la somme de six cents francs.

Une place était réservée aux œuvres du jeune calligraphe dans les galeries du Palais de l'Industrie, et certes la générosité et la faveur des visiteurs ne lui eussent point fait défaut ; les Princes et les Princesses de la famille impériale avaient tout préparé pour l'admission des tableaux de notre artiste, mais, en l'absence du Prince Napoléon , son suppléant n'osa point prendre sur lui le placement de ces œuvres et voulut attendre le retour de Son Altesse Impériale. Pendant ce temps-là, le jeune artiste avait exposé son travail boulevard des Capucines, et il avait lieu d'être satisfait des encouragements de toute nature qui lui étaient donnés par la foule qui se pressait autour de lui. Excité par tant de succès et par tant de générosité , Maurel oublie l'Exposition universelle où, sans doute, il eut trouvé des ressources qui auraient suffi à relever entièrement sa famille et à lui procurer les moyens de se livrer à son art sans inquiètude pour le lendemain ; la Providence en disposa autrement et permi que par de nouveaux effortsil put conquérir de nouveaux titres à l'admiration et à l'estime générale.

De retour à Marseille , le 7 novembre de la même année 1855 , après avoir fait une tournée dans les provinces et avoir été partout accueilli par les éloges les plus flatteurs et les encouragements de toute nature , Maurel ne reste pas dans l'inaction, il entreprend une œuvre nouvelle et plus dignes de ses progrès.

Un tableau destiné à la Reine d'Angleterre et renfermant les épisodes les plus frappants de la guerre d'Orient, sort bientôt de la plume de l'artiste ; une nouvelle exposition a lieu dans la salle de l'Hôtel-de-Ville de la cité phocéenne et , comme toujours, la foule se presse pour donner au jeune Marseillais des preuves non équivoques de l'intérêt qu'elle lui porte.

Il part bientôt pour Londres, et la capitale de la Grande-Bretagne applaudit avec empressement au génie de l'intéressant artiste. La Reine Victoria félicite le jeune Joseph et laisse dans ses mains les preuves de son entière satisfaction. Partout où il porte ses pas il est reçu avec enthousiasme et ses œuvres sont proclamées par les feuilles publiques comme le *nec plus ultrà* de l'art calligraphique.

Le voilà en Belgique : à peine a-t-il exposé ses tableaux que le jeune français se voit félicité de toute part : les Princes et les Grands de la Cour se font un plaisir d'aller voir à l'œuvre celui dont la main aussi intelligente qu'habile sait, à la minute, produire des desseins variés, des bouquets de fleurs, des emblêmes et des vignettes qu'il distribue gracieusement à ses honorables visiteurs.

Le Roi Léopold veut aussi donner à Maurel des témoignages de sa satisfaction et ses mains royales s'ouvrent avec une généreuse libéralité. A Spa, Son Altesse Royale le Prince de Capoue le nomme calligraphe de sa maison et lui permet d'en prendre le titre ; les nombreux baigneurs là, comme à Baden-Baden, se pressent autour de l'enfant dont la plume semble, à chaque trait, laisser s'échapper le génie qui respire dans ses yeux et brille sur son front comme dans ses œuvres.

La France, l'Angleterre, la Belgique ont applaudi ; tous les journaux en France ont révélé au monde l'admirable talent de Joseph ; Paris, en particulier, a proclamé par la voix de trente-sept de ces feuilles quotidiennes la perfection du travail d'un enfant de dix ans. Et qu'on ne croie pas que ces nombreux articles, que ces annonces pompeuses soient l'effet de sommes versées à la caisse des journalistes. Maurel est pauvre, mais il est réellement artiste ; il travaille sur le bureau des rédacteurs, le premier chiffon de papier, le plus simple tronçon de plume suffisent et, en un clin d'œil, les doigts de l'enfant créent prodiges d'élégance et de conceptions heureuses.

A Strasbourg les vastes salles du plus bel Hôtel-de-Ville qui existe s'ouvrent pour laisser au jeune calligraphe la liberté d'exposer ses œuvres, et pour donner aux Strasbourgeois la faculté de visiter l'exposition des merveilles qui se révèlent à leurs yeux.

Mais si le jeune artiste étonne par son talent, il n'est pas moins admirable par les qualités de son cœur ; il sait par expérience tout ce qu'il y a de poignant dans la misère, tout ce que les privations engendrent de douleurs, comme aussi tout ce qu'il y a de douceur et de satisfaction dans la bienfaisance ; c'est pour cela que partout où une infortune plus grande que la sienne est signalée, Maurel prélève une part de ce que la munificence de ses admirateurs lui a laissé de dons, et celui qui souffrait est soulagé.

Digne des bienfaits des hommes, comme il l'est des dons de la Providence, le Jeune enfant qui, dès le berceau, a connu les privations, se souvient de ses frères malheureux, et son cœur s'ouvre avec expansion aux délices que le cœur trouve dans la bienfaisance.

L'artiste a grandi et son talent grandit avec lui ; tout en se préparant à un grand acte religieux, celui de la première communion, Maurel poursuit sa carrière et continue son œuvre.

Aux succès obtenus jusqu'à ce jour vont bientôt s'ajouter de plus brillants succès. Une œuvre colossale marche avec rapidité et surprend tous ceux qui ont été assez favorisés pour pénétrer dans l'atelier de l'artiste. Le sujet principal est un Christ : au pied de la croix se trouvent la Vierge et la Magdeleine ; tout autour sont des médaillons représentant l'histoire de la Passion du Sauveur ; la cène placée au-dessous du Christ mourant offre avec la perfection du burin les traits des douze apôtres et de Jésus-Christ.

Joseph Maurel compte aujourd'hui douze ans ; il a accompli l'acte le plus important de la vie chrétienne avec cette innocence de cœur et cette piété angélique qui se révélent chez les enfants dont l'àme est bien disposée et la conscience pure.

La première communion, loin de ralantir son ardeur au travail n'a fait que la ranimer davantage et va progressant offrir à l'admiration publique les œuvres prodigieuses qu'il fait, pour ainsi dire, en se jouant avec cette facilité que le génie seul peut donner.

L'impératrice-mère de Russie a vu, à Nice, le jeune artiste ; elle a vu ses ouvrages et elle en a été émerveillée ; les nombreux étrangers qui se rendent de toutes parts dans cette ville de l'Italie pour y trouver les douceurs d'un climat salutaire, se sont empressés de visiter l'exposition du calligraphe, et il est retourné dans son pays comblé d'éloges et satisfait des preuves d'une libérale satisfaction.

C'est ainsi que la Providence réserve à un travail constant, à une application soutenue une récompense éclatante, Si Maurel père s'était laissé abattre par le manque d'occupations, par les privations et la misère, si loin de solliciter pour sa famille des secours aux hommes de cœur, de foi et de charité, il s'était livré, comme tant d'autres, au désespoir, au découragement ; si, après avoir reconnu dans son jeune fils des dispositions artistiques, il avait négligé de cultiver cette céleste semence jetée dans une terre féconde, aujourd'hui encore la pénurie et la gêne régneraient dans sa maison, tandis qu'elles se sont vu forcées de céder la place à une honnête aisance.

Heureux enfant d'avoir rencontré un père opiniâtre au travail, heureux père d'avoir rencontré un fils dont la docilité a égalé les talents et l'intelligence autant que l'amour de l'étude et la constance dans la tâche que le ciel lui donnait à remplir.

Le calligraphe ne doit pas, pourtant, s'arrêter au milieu des éloges nombreux et des félicitations qu'il reçoit partout où il porte ses pas ; félicitations, encouragements qui arrivent vers lui en partant des deux extrémités de l'échelle sociale, du trône et de la chaumière, pour se réunir à ceux qui lui sont donnés par toutes les intelligences de la société. Maurel doit marcher en avant et accomplir sa destinée qui ne semble devoir s'arrêter qu'aux limites infranchissables de l'impossible. Mais pour atteindre ce but, il est nécessaire, il faut que les libéralités du public pourvoient à l'avenir de l'artiste, avenir qui, en lui assurant une position brillante parmi les hommes de génie et de talent, doit mettre aussi sa famille à l'abri du besoin.

Le jeune Marseillais va de nouveau prendre son essor ; il va visiter la France avec détail et exposer son précieux Musée calligraphique dans tous les centres de population qu'il n'a pas visité encore. Puisse le public amateur du beau, admirateur du talent et toujours porté à l'accueil le plus bienveillant pour l'enfance, concourir par ses dons à deux œuvres dignes, l'une et l'autre, de tous les cœurs biens nés : la première, à relever complétement une famille longtemps abattue ; la seconde, à donner une illustration de plus à la France, patrie des arts, des sciences et de tout perfectionnement.

Après avoir terminé ses pérégrinations dans nos provinces, le jeune Maurel visitera les contrées où le talent est toujours bien venu. La Russie accueillera avec empressement le jeune français ; l'Italie, patrie des artistes, ne verra pas, sans admiration, les œuvres d'un enfant qui, à peine entré dans la carrière, a su produire des ouvrages dignes des premiers maîtres. L'Espagne, aux grandes conceptions artistiques, applaudira le jeune Maurel. Partout l'expression du contentement se traduira par une générosité qui assurera au calligraphe les moyens de s'occuper exclusivement de son œuvre, et de finir, pour les générations futures, des ouvrages propres à inspirer aux jeunes-gens l'amour du travail, le goût des arts et des sciences.

Au moment de le voir s'éloigner de la cité phocéenne, la Société de Statistique de Marseille qui ne laisse jamais sans récompense tout ce qui a un mérite réel, vient de donner au jeune Maurel une preuve de sa satisfaction, en lui décernant, dans sa séance du 2 juillet, une médaille qui fait autant d'honneur à celui qui s'en est rendu digne, qu'à ceux qui l'ont attachée sur la poitrine de l'enfant-artiste.

Nous reproduisons la lettre adressée, en cette occasion, par la Société de Statistique, à M. Maurel père :

Marseille, le 2 juillet 1857.

Monsieur,

Sachant que la Société de Statistique de Marseille s'attache à consigner dans ses annales les faits qui attestent tous les genres de mérite et à les reconnaître par des distinctions flatteuses, vous venez de lui écrire que vous désiriez voir récompenser des œuvres de calligraphie soumises à son appréciation, et qui, faites à la plume par votre fils Joseph, encore dans l'âge tendre, ont excité l'admiration de beaucoup de connaisseurs et valu de justes éloges à leur auteur.

Elles n'ont pas été jugées moins favorablement par ma Compagnie en présence de laquelle, d'ailleurs, un modèle de diplôme a été exécuté supérieurement, au point de vue calligraphique, et faisant même concevoir de belles espérances, quant au dessin, si les principes de cet art étaient étudiés.

D'après ces considérations, Monsieur, la Société de Statistique ne pouvait que répondre à votre vœu : elle a décerné dans sa séance d'aujourd'hui, au jeune et intéressant Maurel, une médaille d'encouragement qui lui sera remise à la prochaine séance publique.

Cette honorable décision n'est point une faveur, mais une acte de justice rendu à une rare aptitude ; elle sera, à vos yeux, un témoignage, de l'estime que votre fils a inspirée à tout mes collègues ainsi qu'à moi, par son talent et ses qualités personnelles ; qualités que vous avez fait ressortir précisément dans votre lettre de ce jour.

Recevez, Monsieur, mon compliment de félicitation et mes salutations empressées.

Le Secrétaire-perpétuel,

P.-M. ROUX.

Nanterre couronne la vertu dans les rosières ; Agen, le talent et la bienfaisance, dans son poète agenais ; les amateurs du chant, les artistes lyriques distingués, pourquoi Marseille n'aurait-elle pas couronné, dans le jeune Maurel, l'art de la plume, le génie de l'écriture ?

Musée du jeune Maurel.

Afin d'engager les personnes qui liront la notice biographique que nous publions, à visiter l'exposition calligraphique de l'enfant-artiste, nous donnons ici la description des œuvres composées par le jeune Marseillais et qui forment un véritable musée digne de l'attention du public.

Dix tableaux de différentes dimensions, premières compositions de Maurel, alors âgé de sept et huit ans, présentent une variété de traits, de dessins, d'alphabets, d'arabesques qui surprennent les visiteurs, lorsque surtout ils se souviennent que ce sont là les œuvres d'un enfant de sept ans, n'ayant reçu que quelques leçons chez les Frères des Écoles chrétiennes et que ces tableaux ont été faits sous la direction du père Maurel qui n'avait pour toute connaissance que le goût.

Le premier tableau, de deux mètres de hauteur, dédié à l'Empereur et à l'Impératrice des Français, offre aux visiteurs un encadrement formé de trois filets grecs. Deux grandes guirlandes de fleurs, le portrait de l'Empereur et de l'Impératrice, un trophée, souvenir du premier empire, une aigle aux ailes déployées, vingt-huit genres de lettres alphabétiques illustrées et des écussons.

Au centre on lit avec plaisir cette dédicace :

A l'Empereur,

Sire,

« Le jeune Maurel est heureux et fier de pouvoir offrir à Votre Majesté les prémices de ses disposition naissantes. La plus belle récompense qu'il puisse obtenir pour son travail, il la trouve dans l'honneur qui lui est fait aujourd'hui de présenter son œuvre à Votre Majesté et son plus grand bonheur serait d'attirer un instant sur ce tableau le regard de son Empereur. »

A l'Impératrice,

Madame,

« Providence des malheureux, votre inépuisable bonté se plaît à sécher leurs larmes et à les secourir. Jeune, faible et peu fortuné, l'auteur de cette œuvre se plaît à l'offrir à Votre Majesté, protectrice de l'enfance. Celui qui a tracé ces lignes est le second de sept enfants, tous en bas âge, que l'infortune de leur père prive d'une éducation soignée. »

Le second tableau, dédié à la reine d'Angleterre, présente sur une feuille de plus de deux mètres de hauteur, trente six portraits de généraux, amiraux et chefs des armées alliées qui ont concouru aux grands faits d'armes de la guerre d'Orient.

Les portraits des quatre souverains dont les héroïques soldats se sont immortalisés à Inkermann, Balaclava, Malakoff et Sébastopol.

Les noms des contrées où se sont accomplies les plus belles actions.

Des trophées, des écussons, des culs-de-lampes et des fleurs.

Puis les portraits de tous les membres de la famille impériale de France et ceux des Princes et Princesses composant la famille de la reine Victoria.

Deux filets grecs, une grande guirlande formant encadrement.

Le troisième tableau, le plus important sous le rapport de la composition et de la multiplicité des sujets, dédié aux âmes chrétiennes.

Au milieu, se présente le Christ au calvaire ; au pied de la croix, sont la Vierge et la Magdeleine ;

Au-dessous, la cène avec les douze apôtres ;

Tout autour, quatorze écussons représentant l'histoire de la passion du Sauveur ;

Au-dessus, la résurrection ; au milieu des nuages, se trouvent des groupes d'anges accompagnant Jésus ressuscité.

On y remarque encore avec admiration un grand alphabet en caractères du moyen-âge, véritable merveille de touche et de dessin.

L'encadrement est formé d'un filet grec de la composition

du jeune Maurel, qui, par l'harmonie de ses dispositions, laisse les regards dans le ravissement.

Le jeune calligraphe étale aussi aux yeux du public des portraits faits à la plume avec un véritable goût artistique ; on les dirait sortis de la presse, après avoir été créés par le burin.

Nous ne dirons rien de tous ces petits bijoux de l'art calligraphique que l'enfant offre comme souvenir à ses visiteurs. Ici, ce sont des fleurs, là, des écussons, plus loin des guerriers, d'un autre côté des animaux, des chalets et mille autres charmantes productions écloses instantanément de la plume du jeune Maurel. Son portrait, fait à la plume, peut donner une idée des œuvres que nous venons de décrire sommairement.

EXTRAITS.

Si nous voulions citer, ici, tous les articles de Journaux qui ont fait l'éloge du jeune calligraphe, nous craindrions de fatiguer l'attention des lecteurs ; un volume in-folio ne suffirait pas.

Nous avons dû nous restreindre et nous borner. Toutefois, l'ensemble des articles suivants suffira pour faire connaître tout ce que le talent du jeune Maurel a excité d'admiration, partout où il a porté ses pas.

MARSEILLE. — *Sémaphore du 16 mai 1854.*

On nous a présenté, ces jours derniers, un enfant de neuf ans, doué d'une rare aptitude pour le dessin et pour la calligraphie. Cet enfant, qui n'a jamais reçu ni leçon, ni conseil, fait des tableaux d'une très-grande dimension, où sont réunis, non-seulement tous les caractères de l'alphabet et sous vingt formes de fantaisie, mais encore une foule d'attributs d'art et de commerce, posés et groupés avec l'expérience d'un dessinateur de profession.

Ce que l'on remarque, surtout, dans ce travail compliqué, digne d'un maître habile, c'est le goût dans le choix des ornements, la sûreté du trait et le sentiment de la demi-teinte, toutes choses que l'on n'acquiert ordinairement qu'après de longues années d'étude.

Nous avons appris avec plaisir que le jeune Maurel (c'est le nom de l'auteur des tableaux), avait été présenté à nos premiers magistrats, ainsi qu'aux personnes les plus influentes de la ville, et que partout il avait reçu des encouragements dignes de sa position.

Le jeune Maurel est le sixième enfant d'une famille marseillaise dont le père, honnête ouvrier, mérite l'estime et la sympathie de nos concitoyens.

PARIS. — Le Siècle du 22 mai 1855.

ENCORE UN PRODIGE.

Il en pleut, des prodiges ! Les pianistes célèbres ont neuf ans ; les mathématiciens illustres en ont douze. Voici un calligraphe de dix ans qui opère des merveilles. Les journaux de Marseille ont raconté, il y a quelque temps, et nous avons répété d'après eux, qu'un pauvre enfant, fils d'un ouvrier bijoutier, dessinait avec sa plume des tableaux qui faisaient l'admiration de tous les connaisseurs.

L'enfant s'était installé en plein vent et là, sous les yeux de mille spectateurs, il faisait haut la main ses petits chefs-d'œuvre de calligraphie.

Cet enfant, ce jeune Maurel, dont nos lecteurs se rappellent peut-être le nom, est venu à Paris pour y tirer un meilleur parti de son talent vraiment extraordinaire. Il est venu d'étape en étape, pour ainsi dire, s'arrêtant un peu partout et gagnant sa vie de chaque jour, celle d'une nombreuse famille dont il est le seul soutien et il a dix ans !

Il est venu nous demander le concours de notre publicité, et les œuvres qu'il a mises sous nos yeux nous semblaient tellement hardies que nous avons voulu voir ce petit bonhomme à l'œuvre. Il a pris une feuille de papier, la première plume venue, et, en un tour de main, il a exécuté de vrais tours de force calligraphique devant lesquels notre excellent Sougère, ce modeste gérant qui est un des premiers calligraphes de Paris, est resté stupéfait.

Les preuves ainsi faites, nous n'hésitons pas à appeler la sollicitude et l'attention publique sur cet enfant, doué d'une si étrange faculté, qu'ayant à peine appris à lire et à écrire chez les Frères, et n'ayant pas reçu la moindre notion de dessin, il dessine, à l'aide de sa plume, avec une précision et une sûreté admirables.

Louis Jourdan.

PARIS. — Gazette de France du 23 mai 1855.

M. Maurel, de Marseille, s'est présenté hier dans nos bureaux, accompagné d'un de ses enfants, à peine âgé de onze ans. Il a fait passer sous nos yeux divers tableaux faits à la plume, et qu'il nous a assuré être l'œuvre de son fils.

Ces tableaux, d'une beauté rare, et dignes d'un calligraphe exercé, nous ont frappé au point qu'il nous était difficile de croire qu'un enfant si jeune pût en être l'auteur. Le jeune Maurel n'a pas tardé à s'apercevoir de nos doutes. Aussi s'est-il empressé de saisir une plume, de tracer sous nos yeux des dessins et des figures non moins remarquables que ceux qui faisaient l'objet de notre étonnement. On a vraiment peine à comprendre qu'un enfant si jeune ait pu mener à fin un ouvrage dont les détails nombreux ont exigé tant de patience et tant de sûreté dans la main.

PARIS. — Le Pays du 28 juin 1855.

Le jeune Maurel, dont nous avons révélé naguère à nos lecteurs le merveilleux et précoce talent calligraphique, a été appelé, il y a peu de jours, au Cercle de l'Exposition où, devant un public nombreux et distingué, il a exécuté les admirables dessins à la plume qu'il combine et trace d'une main hardie, et qui forment les sujets les plus gracieux qu'il se puisse imaginer.

L'admiration des assistants en faveur du jeune et intéressant artiste a été aussi générale que légitime. Pour nous, c'est un devoir d'appeler de nouveau l'attention sur cette aptitude exceptionnelle, qui place cet enfant de dix ans à peine, au-dessus des plus remarquables dessinateurs à la plume.

On nous dit que le jeune Maurel va exposer ses tableaux calligraphiques dans un local particulier où il travaillera, sous les yeux du public, à un grand tableau de 3 mètres sur 2, qu'il se propose de dédier à la Reine d'Angleterre.

On nous annonce aussi que le beau tableau dédié par le jeune calligraphe à LL. MM. l'Empereur et l'Impératrice, a été déposé aux Tuileries. Puissent d'influentes sympathies encourager ce charmant enfant, qui a peut-être en lui l'avenir d'un grand artiste !

Au reste, l'attention publique s'attache au jeune Maurel. La photographie a reproduit ses traits expressifs et sa physionomie douce et enfantine. Son portrait, fait par M. Reutlinger, est exposé rue de Richelieu, 112, et dans la belle collection d'épreuves de M. Millet. Dimanche dernier, le jeune artiste a exposé quelques-uns de ses dessins à Versailles, où de nombreux visiteurs sont accourus les examiner, laissant de généreux témoignages de leur admiration.

DRAGUIGNAN. — Le Var du 1er février 1857.

Si nous essayions de dire à quels merveilleux résultats, à quels prodiges artistiques on peut atteindre par le talent de la calligraphie, personne ne nous croirait. C'est qu'en effet, il faut voir pour croire, et nos lecteurs seront bientôt à même d'apprécier, par leurs propres yeux, que tout ce que nous aurions pu leur dire, en cette matière, eût été cent fois au-dessous de la réalité.

Il vient d'arriver, dans nos murs, le parangon du genre, le prophète de la calligraphie, le roi, le maître de tous les calligraphes ! Nous voulons parler du jeune Maurel, de Marseille, dont la réputation est aujourd'hui européenne, et qui a eu l'honneur de voir ses travaux calligraphiques acceptés, honorés et récompensés par presque tous les souverains de la partie du monde la plus civilisée.

Cet enfant (il a onze ans à peine), à la physionomie ouverte et intéressante, au regard bleu, pétillant de finesse et d'intelligence, à la répartie vive et franche, porte à la boutonnière une large médaille d'or que l'Empereur des Français lui a octroyée comme souvenir de la plus franche admiration.

Tous les journaux de la capitale ont proclamé l'habileté prestigieuse de cet enfant ; toutes les villes qu'il a traversées lui ont laissé des marques de sympathie pour son beau talent, et la Reine d'Angleterre, à laquelle il a été présenté, l'a chaleureusement applaudi et généreusement récompensé.

Maurel, du reste, exécute ses étonnants tableaux sous les yeux mêmes des visiteurs ; point d'apprêt, de trompe-l'œil, de fantasmagorie, de charlatanisme ; tout est le produit le plus net, le plus clair, le plus saisissant de l'inspiration et du talent.

Dans quelques jours, le jeune Maurel commencera ses séances. Nous aurons soin de faire connaître à nos lecteurs le jour, le local et les heures où elles auront lieu, afin qu'ils ne laissent pas échapper une si rare occasion de juger par eux-mêmes des merveilleux effets obtenus par l'artiste que nous leur recommandons.

MARSEILLE. — Le Nouvelliste du 12 mars 1856.

On nous prie d'annoncer que M. le Maire vient de mettre à la disposition du jeune Maurel, la salle du petit parquet, à l'Hôtel-de-ville, pour y exposer un tableau dédié à S. M. la Reine d'Angleterre. Le sujet de ce tableau se rapporte à la guerre d'Orient.

Ce travail sera visible demain dimanche et pendant les fêtes de Pâques.

STRASBOURG. — Le Courrier du Bas-Rhin
du 12 septembre 1856.

Un jeune Marseillais, un enfant de onze ans, à la physionomie ouverte et intéressante, au regard bleu pétillant de finesse et d'intelligence, à la répartie vive et franche, portant à la boutonnière une large médaille d'or, don de S. M. l'Empereur, est de passage dans notre ville.

C'est son talent merveilleux qui a valu au jeune Maurel cette honorable distinction. Sa réputation, du reste, est presque faite en Europe ; tous les journaux de Paris ont proclamé l'habileté de la plume de cet enfant ; la Reine d'Angleterre, à laquelle il a été présenté, l'a chaleureusement applaudi et généreusement récompensé, et toutes les villes qui l'ont possédé lui ont laissé des marques de leur sympathies.

C'est sous les yeux mêmes des visiteurs que Maurel exécute les difficultés les plus ardues de la calligraphie, et, après l'avoir vu à l'œuvre, on admire longuement ses tableaux d'une dimension extraordinaire, et on se plaît à l'entendre dérouler les phases de son existence si courte et, cependant, si pleine de péripéties de tous genres, d'honneurs et de triomphes.

Les tableaux du jeune Maurel seront exposés au rez-de-chaussée de l'Hôtel-de-Ville, à partir d'aujourd'hui vendredi.

GRENOBLE.—Le Courrier de l'Isère du 9 novembre 1855.

On ne parle, dans notre siècle de progrès, que de prodiges. l'Europe entière s'est donnée rendez-vous à Paris et y a admiré les merveilles de l'exposition. Il y avait, en effet, matière à admiration : jamais le génie de l'invention n'avait été poussé si loin, mais on avait peine à trouver parmi cette myriade d'objets qui frappent les regards, qui éblouissent, une invention spontanée ; tous étaient le résultat de travaux lents, d'application persévérente, de perfectionnement méritoire. Voici venir parmi nous une merveille d'un genre très-exceptionnel. Un enfant de dix ans, qui a à peine reçu, à Marseille, chez les frères de la doctrine chrétienne, les premiers éléments de l'instruction populaire, arme ses petits doigts d'une plume quelconque et, en présence du public, il écrit, il dessine, comme personne n'a écrit, n'a dessiné avant lui. Il ne fait pas seulement de petits travaux au courant de sa plume. il met sous les yeux de ses visiteurs des tableaux, entre autres qui frappent d'étonnement par la variété des richesses calligraphiques qu'il a rassemblées dans un vaste cadre, avec un goût qui n'est pas de son âge.

Le jeune Maurel est né calligraphe, la Providence avait été son précepteur dans le sein de sa mère, et il a dû signer lui-même son acte de naissance; c'est la pensée qui s'offre à tous ceux qui vont à lui, l'encouragent et jouissent de ses succès qu'ils voient, qu'ils touchent, qu'ils ne sauraient comprendre.

REIMS. — Le Courrier de la Champagne du 31 août 1856.

CALLIGRAPHIE. — LE JEUNE MAUREL. — La découverte de l'imprimerie et son application, aujourd'hui universelle, à toutes les transmissions écrites de la pensée, ont porté une rude atteinte à la calligraphie. On a même prodigué le sarcasme aux hommes honorables qui en font profession. Que de calligraphes. cependant, se sont élevés à un tel degré de perfection que, pour parler d'eux, il faut multiplier les portraits d'admiration et crier au prodige. Du temps d'Ælien, un calligraphe écrivait un dystique en lettres d'or, pour le renfermer dans l'écorce d'un grain de blé. Un autre traçait des vers d'Homère sur un grain de millet. S'il faut en croire Pline, Cicéron avait vu l'Iliade tout entière renfermée dans une coquille de noix. Les modernes en ont fait d'aussi fortes. On montre au

collége de Saint-John à Oxford, un croquis de la tête de Charles
Ier, composé de caractères d'écriture qui, vus à une très-petite dis-
tance, ressemblent à des effets de burin ; les traits de la figure et
de la fraise contiennent les *Psaumes*, le *Credo* et le *Pater*. A Londres, au *British museum*, il y a un dessin de la largeur de la
main : représentant la reine Anne, et entièrement formé par des
lignes d'écriture ; il contient la matière d'un volume in-folio.

Au moyen-âge, la calligraphie fut florissante dans les couvents.
Les religieux qui, lorsque les livres étaient rares, se dévouaient aux
reproductions des immortels chefs-d'œuvre de la pensée et des ouvrages utiles ou scientifiques, nous ont laissé des tours de force, des
miracles de patience, en même temps que des prodiges d'art. Les
maîtres d'écriture se bornent maintenant à une rôle modeste et ne
prennent d'importance que devant les tribunaux quand ils ont,
comme experts-jurés écrivains, à établir la vérification des écritu-
res, signatures, comptes et calculs en justice. M. Chaix-d'Est-Ange
leur a même porté un coup mortel dans un procès fameux et les a
chassés en quelque sorte de cette dernière position.

Néanmoins, il y a toujours des prix d'écriture dans les lycées et
une belle main n'est pas à dédaigner. Il se fait même encore des
miracles en calligraphie ; témoin le jeune Marseillais, qu'on peut
voir en ce moment sous les loges de l'Etape. C'est un enfant de dix
ans ; d'une physionomie très-intéressante, qui travaille devant le
public et fait à main levée des modèles d'écriture, des figures, des
dessins de toute sorte. C'est un talent merveilleux qui a valu au
jeune Maurel une médaille d'or de l'Empereur, pour des tableaux
d'écriture dont l'exécution ne laisse rien à désirer. Il a déjà une
réputation à Paris et son portrait figure aux étalages de la photographie. Cependant, cet enfant n'a reçu, jusqu'à présent, d'autres
leçons que celles des frères de la doctrine chrétienne ; mais de
hauts personnages, frappés de son aptitude pour le dessin, ont
promis de s'en occuper, et nul doute que son éducation, poussée
à un plus haut degré, ne développe en lui ses précieuses facultés ;
il deviendra un artiste remarquable. En attendant, il parcourt le
monde et offre ses tableaux aux têtes couronnées, à la Reine
d'Angleterre et à ce souverain qui règne en tous temps et qui est
le protecteur le plus sûr de toutes les merveilles, le public, à la
générosité duquel il se contente de faire appel, sans mettre un
prix fixe à son travail. L'entrée est libre ; on le rétribue, non pas

selon l'étonnement qu'on éprouve, ce serait sans mesure, mais pour lui donner un témoignage de satisfaction et un encouragement. Voilà comment comptent les Marseillais, et ils s'en trouvent bien. C'est une *affaire Mirès*, pour laquelle la nombreuse famille du jeune Maurel trouve de nombreux souscripteurs qui ne regrettent pas leur argent. Contribuer à la formation d'un artiste de talent et garantir son avenir, c'est en effet, le meilleur placement qu'on puisse faire.

L'Indicateur de l'Hérault, JOSEPH MAUREL.

Depuis 1854 tous les grands journaux ont retenti des prodiges opérés par le jeune Calligraphe Maurel. En général on est blasé sur ces annonces de prodiges précoces que l'avenir bien souvent n'a pas justifié et on les accueille avec méfiance. Ici, on ne peut en disconvenir, tout ce qu'on a publié est au-dessous de la réalité. Ce jeune enfant si vif, dont la physionomie est si intelligente et si spirituelle n'est presque l'élève de personne, on n'a eu qu'à lui donner une plume et des crayons, et il a été artiste ; c'est le génie des arts personnifié par la nature, et doué d'une force de volonté et de patience phénoménale, si l'on considère la vivacité de son caractère. Les fameux Calligraphes du moyen-âge pâlissent auprès des prodiges enfantés par ce bambin avec une facilité et une perfection qui ferait supposer de longues veilles. On est frappé d'étonnement en voyant toutes les merveilles qui sortent de ses petits doigts ; ce n'est plus seulement de la Calligraphie, c'est la perfection de l'art de l'ornementation, du dessin et de la peinture.

Il n'y a en tout ceci aucune exagération, il suffit de voir pour s'en convaincre. C'est à l'âge de sept ou huit ans lorsqu'on lui mit une plume en main que la prodigieuse vocation artistique du jeune Maurel se révéla. Depuis lors, en cinq ans, il a accompli des travaux auxquels toute une vie d'un grand artiste pourrait à peine suffire. C'est un véritable musée tout de chefs-d'œuvre dont l'importance a grandi avec l'âge, le dernier chaque année semblait le *nec plus ultrà* de la perfection, et Dieu sait ce que les arts ont à attendre de cette organisation artistique tout exceptionnelle.

Qu'on aille donc le voir, l'indifférence est inexcusable puisque l'entrée est libre. On verra des tableaux de deux mètres de dimension où des merveilles incroyables sont accumulées, des portraits d'une ressemblance et d'un modelé parfaits, jusqu'à la reproduction admirable de la célèbre cène de Léonard de Vinci, toutes choses étonnantes, faites sans autre instrument que la plume, qu'on dirait l'œuvre de plusieurs années de travaux assidus et persévérants et qui ont été un jeu de quelques mois pour notre artiste.

Aussi rien ne doit étonner de ce que la presse a dit de lui, ni de la grande médaille d'or que lui a donné l'Empereur dont il est si fier qu'il la porte continuellement sur sa petite poitrine, ni de celle que lui a accordé la reine Victoria, ni de la médaille flatteuse qui lui a été décernée par la société de statistique de Marseille sa patrie.

Joseph Maurel reste encore à Béziers quelques jours, avant d'aller à Narbonne, Carcassonne, pour poursuivre sa tournée dans tout l'Ouest de la France qu'il n'a pas visité. Quiconque ira voir ses inimitables chefs-d'œuvre partagera l'étonnement et l'admiration qu'ils nous ont fait éprouver. Qu'on ne prenne pas ce que nous en disons pour de la réclame, c'est la révélation d'une merveille artistique.

A. VIALLES.

Histoire de l'Écriture.

Dans les premiers âges du monde, alors que les hommes étaient peu nombreux et qu'ils habitaient la même contrée, le genre humain n'avait pas à inscrire les faits qui se passaient pour en conserver le souvenir; la tradition du père au fils rappelait, de génération en génération, les principaux évènements. Plus tard, lorsque la vie de l'homme fut de moindre durée, des monuments, consistant pour l'ordinaire en une simple pierre ou en la réunion de plusieurs, servirent à rappeler la mémoire de ce qui s'était passé; mais les faits se multipliant avec les enfants des hommes et ceux-ci formant des peuples divers, disséminés dans des contrées éloignées les unes des autres, il était difficile de conserver l'histoire des évènements passés et celle des évènements présents. Aussi chercha-t-on à créer des signes au moyen desquels le souvenir des actions dignes de mémoire fut conservé. De là les hiérogliphes, première écriture des peuples inventée par les Egyptiens, nation plus avancée dans les arts et dans les connaissances humaines que toute autre nation. Mais ces caractères ne pouvaient suffire au développement des idées et de l'histoire, soit parce qu'ils prenaient une place trop étendue, soit parce qu'ils n'étaient point compris des autres peuples.

Des génies transcendants cherchèrent à former une série de figures qui, adoptées par un peuple d'abord, le fussent plus tard par les autres nations. Cadmus fut, à ce que dit l'histoire, le premier qui réunit certains caractères dont on a fait le fondement de l'alphabet, base de toute langue écrite. Une fois les premiers principes posés, on combina les signes ou caractères et, par gradation, les syllabes et les mots exprimèrent les actions, les évènements, puis les pensées, les sentiments et tout ce que l'intelligence humaine peut imaginer pour mettre les êtres raisonnables en rapports entre eux. L'écorce des arbres, le papyrus, les planchettes enduites de cire, le vélin et plus tard le papier, reçurent l'empreinte de ces caractères et servirent à conserver à la postérité les faits et gestes de chaque peuple.

A mesure que l'esprit humain se développe, que le génie invente de nouvelles choses, que les rapports des peuples se multiplient, le besoin de communication entre personnes absentes et éloignées se fait sentir davantage et les signes adoptés pour exprimer la parole, prennent du développement et de la perfection ; des règles adaptées à la langue de chaque peuple et conformes au génie national sont mises en ordre et forment le code du langage. L'Ecriture est assujettie à des formes et à des proportions régulières et son enseignement fait partie des études. Des honneurs et des dignités sont réservés aux calligraphes et la connaissance de l'écriture, comme une chose sacrée, devient chez certains peuples le privilège des prêtres et de pontifes.

Sous l'ère chrétienne, l'art d'écrire se développe et se propage surtout dans le clergé et dans les monastères, et tandis qu'au moyen-âge les Grands et les hommes d'armes dédaignent la connaissance des lettres et de l'écriture jusqu'à se faire gloire de ne savoir signer attendu leur qualité de gentilhomme, les moines et les clercs conservent, comme un feu sacré, l'art de peindre la parole et de parler aux yeux et s'appliquent à multiplier les exemplaires des livres saints et de toutes les œuvres qui, un jour, devaient être recherchées avec tant d'avidité par les écrivains et les chroniqueurs. Sous Charlemagne, la calligraphie est mise en honneur et le grand monarque devient lui-même excellent calligraphe. Grâce aux moines et aux clercs, l'art d'écrire n'est point perdu ; il se perfectionne, au contraire, et fait chaque jour de nouveaux progrès en se propageant peu à peu dans la société des laïques.

L'invention de l'imprimerie qui semblait d'abord devoir arrêter les progrès de l'art calligraphique, n'a fait qu'exciter l'émulation et depuis deux siècles environ surtout, des hommes instruits et habiles se sont appliqués à donner aux lettres ces formes élégantes, hardies et ingénieuses qui semblent lutter avec tout ce que le burin peut produire de plus gracieux et de plus artistique. Des professeurs ont fait leur spécialité de l'écriture et se sont attachés à faire des élèves distingués. Les enfants du vénérable abbé de La Salles ont contribué et contribuent chaque jour à multiplier le nombre des calligraphes et à propager, parmi les enfants du peuple, une connaissance si rare autrefois, mais tellement répandue de nos jours, qu'il ne sera bientôt plus permis de dire sans rougir : *Je ne sais pas écrire.*

Autant cet art fut dédaigné, autant il est apprécié dans notre siècle. Aussi la belle écriture est-elle devenue nécessaire à tout homme qui veut être admis dans les bureaux des administrations, ou les comptoirs du commerce; c'est qu'en effet, registres, livres, correspondances, gagnent infiniment à être tenus et écrits avec netteté, élégance et régularité.

Toutefois, il faut bien le dire, si la généralité sait écrire et former les caractères de l'écriture, peu de calligraphes sont arrivés à se distinguer dans leur art et à produire avec la plume de véritables chefs-d'œuvre : l'histoire enregistre les noms des hommes qui se sont fait remarquer dans l'art calligraphique et un jour elle placera probablement à leur tête l'enfant dont le talent, le génie et la dextérité sont parvenus à créer les productions les plus étonnantes. L'histoire dira un jour que JOSEPH MAUREL, à l'âge de dix ans et dans un siècle qui compte plus d'un calligraphe distingué, fit sortir de sa plume les plus belles créations calligraphiques et éleva jusqu'à son apogée l'art de peindre la parole et de parler aux yeux.

E. de S.